Université de France. -- Académie de Nancy

FACULTÉ DE DROIT DE NANCY

SÉANCE SOLENNELLE DE RENTRÉE

DU 22 NOVEMBRE 1880

ET

CONSEIL ACADÉMIQUE DE NANCY

Session de Novembre 1880

RAPPORT

DE

M. LEDERLIN

Doyen de la Faculté de Droit de Nancy

SUR LES TRAVAUX DE LA FACULTÉ

PENDANT L'ANNÉE SCOLAIRE 1879-1880

RAPPORT

SUR

LES CONCOURS OUVERTS ENTRE LES ÉTUDIANTS DE LA FACULTÉ

PENDANT L'ANNÉE SCOLAIRE 1879-1880

Par M. MAY, Agrégé

LISTE DES LAURÉATS

CONCOURS LITTÉRAIRE DE 1880

Rapport de M. Ch. BENOIT

Doyen de la Faculté des Lettres

NANCY

IMPRIMERIE ET LITHOGRAPHIE EM. NICOLAS

1881

UNIVERSITÉ DE FRANCE. — ACADÉMIE DE NANCY

FACULTÉ DE DROIT DE NANCY

SÉANCE SOLENNELLE DE RENTRÉE

DU 22 NOVEMBRE 1880

ET

CONSEIL ACADÉMIQUE DE NANCY

Session de Novembre 1880

RAPPORT

DE

M. LEDERLIN

Doyen de la Faculté de Droit de Nancy

SUR LES TRAVAUX DE LA FACULTÉ

PENDANT L'ANNÉE SCOLAIRE 1879-1880

RAPPORT

SUR

LES CONCOURS OUVERTS ENTRE LES ÉTUDIANTS DE LA FACULTÉ

PENDANT L'ANNÉE SCOLAIRE 1879-1880

Par M. MAY, Agrégé

LISTE DES LAURÉATS

CONCOURS LITTÉRAIRE DE 1880

Rapport de M. Ch. BENOIT

Doyen de la Faculté des Lettres

NANCY

IMPRIMERIE ET LITHOGRAPHIE EM. NICOLAS

1881

CONSEIL ACADÉMIQUE DE NANCY

SESSION DE NOVEMBRE 1880

RAPPORT DE M. LEDERLIN

Doyen de la Faculté de Droit

SUR LES TRAVAUX DE LA FACULTÉ

PENDANT L'ANNÉE SCOLAIRE 1879-1880

Monsieur le Recteur,

Messieurs,

L'année scolaire qui vient de s'écouler offre, au point de vue des inscriptions, des examens et des concours, des résultats assez semblables à ceux des années précédentes. Mais elle a été marquée, pour le personnel de la Faculté, par une séparation qui, bien que prévue, n'en a pas moins causé à chacun de nous de vifs et profonds regrets. L'éminent Doyen, qui avait présidé à l'organisation de la Faculté et dirigé ses travaux pendant une période de plus de quinze années, nous a quittés, pour occuper à Paris une chaire nouvellement créée de *Droit constitutionnel* (1). Pendant ces quinze années, il avait donné à la Faculté tout ce qu'il avait d'activité, d'intelligence, d'expérience, de dévouement; animé d'une foi profonde dans son œuvre, aidé de collaborateurs pleins de zèle comme lui pour

(1) Un décret du 31 décembre 1879, a créé une chaire de Droit constitutionnel à la Faculté de Droit de Paris, et nommé titulaire de cette chaire M. Jalabert, Doyen de la Faculté de Droit de Nancy.

leurs communs devoirs, il l'avait amenée bientôt au plus haut degré de prospérité. Il avait voulu que tous les Membres de la Faculté formassent une famille étroitement unie ; sa chaleureuse confraternité, la sûreté de ses relations, la sagesse de ses avis, sa persévérante énergie à poursuivre la réalisation de tout ce qui lui semblait juste et bon, en avaient fait de lui le chef aimé et vénéré. Nous n'aurions pu nous faire à la pensée d'une séparation sans réserves : déférant à un vœu, dont le premier acte de son successeur, d'accord avec le sentiment unanime de ses collègues, devait être de provoquer l'expression (1), et qui a obtenu de la part du digne chef de notre Académie l'appui le plus empressé, Monsieur le Ministre de l'Instruction publique a bien voulu permettre que M. JALABERT restât nôtre, en le nommant notre Doyen honoraire (2).

Appelé à l'honneur de succéder à M. Jalabert (3), je n'ai pu me dissimuler un instant la gravité de la tâche, rendue plus difficile encore par le souvenir des services de mon prédécesseur. Je me suis appliqué surtout à suivre les exemples qu'il m'a laissés, et à maintenir les heureuses traditions qu'il a établies, en comptant en toutes circonstances sur le concours sympathique de chacun de mes collègues. Leur courtoise confraternité a voulu, lorsqu'ils m'accueillaient naguère dans leurs rangs, me considérer comme le plus ancien d'entre eux, et m'a préparé ainsi le meilleur de mes titres à l'honneur qui m'était réservé ; leur concours empressé, leur dévouement à notre œuvre commune ne cesseront de me soutenir dans l'accomplissement de ma tâche. Si la place que M. Jalabert oc-

(1) Délibération de la Faculté du 16 janvier 1880, émettant le vœu que Monsieur le Ministre de l'Instruction publique veuille bien conférer à M. JALABERT, le titre de Doyen honoraire.

(2) Arrêté du 28 janvier 1880, portant que M. JALABERT, professeur à la Faculté de Droit de Paris, ancien Doyen de la Faculté de Droit de Nancy, est nommé Doyen honoraire de cette dernière Faculté.

(3) Arrêté du 10 janvier 1880, nommant M. LEDERLIN, pour trois ans, Doyen de la Faculté de Droit de Nancy.

cupait au milieu de nous n'est point de celles qu'aucun autre puisse prétendre à remplir, du moins ne négligerai-je aucun effort pour répondre dignement à la bienveillante présentation dont j'ai été l'objet de la part de M. le Recteur, et pour justifier la haute distinction dont Monsieur le Ministre m'a honoré, en me confiant les sérieuses et délicates fonctions du décanat.

L'important enseignement du *Code civil*, laissé vacant par le départ de M. Jalabert, revenait naturellement au plus ancien de nos agrégés, M. Paul Lombard. Il ne pouvait être placé en de meilleures mains. Depuis cinq ans et plus, notre jeune collègue était chargé du cours de Droit criminel; la sûreté de son érudition, tenue sans cesse au courant de tous les progrès de la législation, de la doctrine et de la jurisprudence, éclairée et élargie par l'étude des législations étrangères, la netteté et l'élégante correction de sa parole, le désignaient d'avance pour la première chaire qui viendrait à vaquer dans notre Faculté : la suppléance du cours de Code civil lui avait été confiée dès le départ du titulaire (1) et lui avait fourni l'occasion d'ajouter encore à ses titres antérieurs. Présenté en première ligne par nos suffrages unanimes (2) et par la Section permanente du Conseil supérieur de l'Instruction publique, il a été appelé définitivement à la chaire, avec dispense d'âge (3), par le décret du 5 juillet 1880. Maîtres et élèves ont applaudi d'un commun accord à cette nomination.

En même temps que M. Paul Lombard passait à l'enseignement du Code civil, M. Gardeil était chargé du cours de *Droit criminel* (4) ; il y a justifié pleinement les espérances que nous

(1) Arrêté du 16 janvier 1880, chargeant M. Paul Lombard du Cours de Code civil.

(2) Délibération de l'Assemblée des Professeurs, du 17 février 1880.

(3) M. Paul Lombard n'a accompli sa trentième année que le 12 octobre 1880.

(4) Arrêté du 16 janvier 1880.

avions fondées sur lui à la suite du brillant concours où il avait conquis le titre d'agrégé, et obtenu d'être attaché à notre Faculté.

Le Cours de *Droit constitutionnel*, que M. Jalabert avait inauguré l'an dernier (1) avec un succès si complet et si légitime, a été confié à M. BLONDEL (2). Notre collègue y a présenté l'histoire et l'analyse des constitutions qui ont régi la France depuis 1789 jusqu'à 1815 ; il continuera cette étude dans l'année qui va s'ouvrir, et exposera ensuite les règles de notre droit public actuel. Son dévouement éclairé et sincère à nos institutions, la maturité de son jugement, la fermeté et la modération de son esprit, nous garantissent qu'il apportera toujours dans ce grave et délicat enseignement l'indépendance et la haute impartialité du savant, en même temps que l'amour et le respect du citoyen pour la loi de son pays.

Un goût passionné pour les recherches d'érudition, un désir ardent de connaître et d'explorer toutes les branches de la science, ont fait souhaiter à M. DUBOIS d'échanger un enseignement complémentaire dans lequel il s'était fait vivement remarquer contre celui de l'*Histoire du Droit romain et du Droit français* (3).

M. BINET lui succède dans le cours de *Droit civil approfondi dans ses rapports avec l'Enregistrement* (4) ; il était désigné tout à la fois par son rang d'ancienneté et par son enseignement principal ; sa profonde connaissance de nos lois civiles, son esprit judicieux et pratique, son exposition élégante et lucide, lui ont conquis dès l'abord les suffrages de tous ses auditeurs.

Enfin, pour compléter notre personnel, et cédant à nos

(1) Le cours de Droit constitutionnel a été créé par arrêté du 19 octobre 1878, et ouvert le 5 mars 1879.

(2) Arrêté du 16 janvier 1880.

(3) Arrêté du 16 janvier 1880, chargeant M. DUBOIS du cours complémentaire d'Histoire du Droit romain et du Droit français.

(4) Arrêté du 16 janvier 1880.

pressantes demandes, l'Administration supérieure a bien voulu nous assurer, à partir du 1er novembre 1880, le concours de M. Beauchet (1) qui, après avoir été un de nos élèves les plus distingués, avait été nommé agrégé en 1879, et attaché à la Faculté de Droit de Dijon. Chargé d'un cours de Droit criminel, il y a renoncé spontanément pour retrouver ici sa famille et ses anciens maîtres. Nous lui réservons l'accueil le plus confraternel, en même temps que nous comptons sur tout son dévouement. Il assistera avec nous aux examens et aux thèses, et suppléera ceux d'entre nous que des raisons de santé pourraient tenir momentanément éloignés de leurs chaires. Deux fois, dans la dernière année scolaire, des empêchements de ce genre sont survenus à deux de nos agrégés chargés de cours; pour ne pas laisser vaquer leurs enseignements, ils ont dû se suppléer réciproquement, acceptant de leur plein gré, chacun pendant plusieurs semaines, la charge d'un double service : la présence d'un agrégé disponible pour les suppléances accidentelles nous mettra désormais à l'abri d'un pareil inconvénient.

A côté des devoirs professionnels, les travaux littéraires ou scientifiques ont conservé leur place dans les occupations des Membres de la Faculté (2). Plusieurs d'entre eux ont donné à des *Revues* spéciales des traductions ou des analyses de lois étrangères, des comptes-rendus de la jurisprudence allemande ou italienne, des travaux de bibliographie.

M. Dubois a publié une importante étude sur le *Remploi*, envisagé au double point de vue du droit civil et de la loi fiscale : il y a développé les règles qu'il avait exposées dans quelques leçons du Cours de *Droit civil approfondi dans ses*

(1) Arrêté du 21 juillet 1880.

(2) La liste détaillée des publications des Membres de la Faculté est donnée à la suite de ce rapport.

rapports avec l'Enregistrement. La révision entreprise par un philologue allemand, M. Studemund, du texte des Institutes de Gaïus, a fourni à notre savant collègue l'occasion de raviver un débat qu'à tort peut-être on croyait épuisé, sur l'*acquisition* ipso jure *de la possession par l'héritier,* ou la *saisine héréditaire,* en Droit romain ; la solution qu'il annonce peut paraître nouvelle et hardie, dans l'état actuel de la doctrine ; à la suite de longues et patientes recherches, M. Dubois invoque, dans le passé, des autorités respectables, et pense trouver la justification de sa thèse dans un texte nouvellement restitué du grand jurisconsulte romain. Cette étude a fait concevoir à M. Dubois la pensée d'un autre travail plus étendu : la publication d'une édition nouvelle des Institutes de Gaïus, donnant un texte plus rigoureusement conforme au manuscrit que celui des éditions précédentes, et présentant en même temps le tableau le plus complet des travaux critiques dont les Commentaires de Gaïus ont été l'objet depuis la découverte de Niebuhr ; ce livre, qui témoigne d'une vaste et consciencieuse érudition, est appelé à rendre les plus grands services à la science du Droit romain.

Une étude d'un autre genre nous a donné une preuve de plus de l'infatigable activité et de la variété d'aptitudes de M. Dubois. Des *Propositions relatives à l'établissement de statistiques du Droit international* ont été présentées par lui à l'Institut de Droit international, dans sa session de septembre 1879, tenue à Bruxelles. La savante assemblée en a renvoyé l'examen à une commission spéciale, dont l'auteur des *Propositions* est chargé de faire le rapport. Pour en éprouver la valeur au point de vue pratique, M. Dubois a dressé, à l'aide de documents officiels, un *Commencement de statistique judiciaire et administrative,* où il a consigné les faits qui ont pu être constatés pour les années 1877 et 1878 dans le ressort de la Cour d'appel de Nancy, et dans le département de Meurthe-et-Moselle.

Encouragé par le succès de l'édition qu'il a donnée en 1873 des *Répétitions écrites sur le Droit administratif*, de M. L. Cabantous, M. Liégeois en prépare une nouvelle, mise au courant de la législation, de la doctrine et de la jurisprudence, et dont l'impression est aujourd'hui fort avancée (1).

Par les récompenses honorifiques qu'elle nous décerne, l'Administration supérieure nous montre qu'elle n'oublie pas la durée et la valeur de nos services. L'an dernier, M. Liégeois, qui appartient à la Faculté depuis 1866, et M. Binet, qui y est entré en 1873, ont été nommés, l'un Officier de l'Instruction publique, l'autre Officier d'Académie (2).

Le nombre total des jeunes gens qui ont pris des inscriptions ou passé des examens a subi une légère augmentation sur l'année précédente : de 220 il s'est élevé à 223 (3). Dans ce nombre, 173 élèves, comme l'an dernier, appartiennent aux trois départements du ressort académique, savoir 111 au département de Meurthe-et-Moselle, 37 aux Vosges, 25 à la Meuse ; la ville de Nancy y est représentée par 73 étudiants.

(1) Le premier fascicule de cet ouvrage a été publié dans les premiers jours de décembre 1880. Il traite des matières suivantes : *Principes de 1789. — Lois constitutionnelles de 1875. — Agents administratifs. — Conseils généraux. — Conseils municipaux.*

(2) Arrêté du 16 janvier 1880.

(3) Trois de nos étudiants nous ont été enlevés par d'implacables maladies : Georges *Chevalier* et Marcel *Fabricius*. tous deux de première année, ont succombé, à Nancy, l'un le 1er février 1880, l'autre le 3 avril suivant ; Adrien *Denis*, aspirant au Doctorat, est mort le 11 août, à Saint-Clément, dans sa famille, auprès de laquelle il était allé passer ses vacances. Leur perte a été vivement ressentie par leurs professeurs et par leurs condisciples.

Nous avons aussi eu le regret de perdre un excellent serviteur, dont, pendant plus de quinze années consécutives, nous avions pu apprécier les remarquables qualités, l'intelligence, la discrétion, la fidélité, le dévouement. Le Sr *Steib*, Étienne dit Eugène, avait été nommé appariteur le 1er octobre 1864 ; il a occupé cet emploi jusqu'à son décès survenu à Nancy, le 22 février 1880.

13 nous sont venus des départements voisins, des Ardennes, de la Marne, de la Haute-Marne, de la Haute-Saône; 14 d'autres parties de la France, 22 d'Alsace-Lorraine, 3 des pays étrangers.

Il a été pris sur les registres de la Faculté, au total, 587 inscriptions, ce qui nous donne une moyenne de 146 3/4, au lieu de 144 en 1878-1879 (1). Le détail de ces chiffres accuse une diminution assez sensible (10 inscriptions trimestrielles) en 3e année; elle est compensée et au-delà par l'augmentation qui s'est produite sur les inscriptions de Doctorat, de Capacité, et surtout de 1re année; si nous songeons que la moyenne des inscriptions de 1re année, qui représente pour nous l'avenir, s'est élevée de 44 1/2 à 52 1/4, et que, d'un autre côté, la seconde année n'a point subi de diminution, nous sommes autorisés à concevoir les meilleures espérances pour l'année qui va s'ouvrir (2).

Nous n'avons eu, à de rares exceptions près, qu'à nous louer de l'assiduité des étudiants de capacité, de première et de seconde année; quatre inscriptions seulement ont été perdues par ces trois catégories d'élèves. La troisième année ne nous a pas donné la même satisfaction; à côté d'une élite, dons nous

(1) Inscriptions.

	Novembre 1879.	Janvier 1880.	Avril 1880.	Juillet 1880.	Totaux.	Moyenne par trimestre.
De capacité	13	13	12	12	52	13 »
De 1re année	61	55	50	43	209	52 1/4
De 2e année	44	35	41	39	159	39 3/4
De 3e année	31	29	29	25	114	28 1/2
De Doctorat	17	15	10	11	53	13 1/4
Totaux	168	147	142	130	587	146 3/4

Bien qu'il ne comporte que quatre inscriptions trimestrielles, le Doctorat exige en réalité de deux ans et demi à trois ans d'études; le nombre des aspirants au Doctorat est donc de deux à trois fois supérieur à celui des inscriptions trimestrielles; il a été, en 1879-1880, de 36 aspirants qui ont pris des inscriptions ou subi des examens.

(2) Le nombre des inscriptions prises en novembre 1880 est de 215; il avait été en 1879, de 168; le nombre le plus élevé qui ait été atteint antérieurement a été de 192, en novembre 1869.

nous plaisons à reconnaître l'assiduité exemplaire, quelques élèves n'ont pu, malgré nos avertissements, se décider à suivre les cours; ils ont encouru la perte de sept inscriptions (1).

Cinquante-trois élèves se sont fait inscrire aux conférences facultatives (2); la plupart les ont suivies régulièrement.

Si le nombre des inscriptions a été un peu plus élevé que l'année précédente, celui des examens et des actes publics est resté au-dessous de la moyenne habituelle; il n'a été que de 204 (3), tandis qu'il avait atteint 249 l'année dernière, et 233

(1) Les pertes d'inscriptions se répartissent de la façon suivante :

	1er trimestre.	2e trimestre.	3e trimestre.	4e trimestre.	Total. pour l'année.
Capacité......	1	"	"	"	1
1re année.....	"	"	1	"	1
2e année......	2	"	"	"	2
3e année......	1	3	3	"	7
	4	3	4	"	11

(2) Nombre des élèves inscrits aux conférences facultatives et rétribuées :

1re année.................	12
2e année	17
3e année	6
Doctorat (1er examen)	10
Doctorat (2e examen).......	8
Total......	53

(3)

Nature des examens.	Nombre des examens.	Admissions.	Ajournements
A. *Capacité et Licence.*	—	—	—
Capacité....................	5	3	2
1er examen de Baccalauréat....	41	37	4
2e examen de Baccalauréat ...	43	39	4
1er examen de Licence........	36	26	10
2e examen de Licence	26	25	1
Thèse de Licence............	28	27	1
Totaux......	179	157	22
B. *Doctorat.*	—	—	—
1er examen de Doctorat......	13	10	3
2e examen de Doctorat.......	7	5	2
Thèse de Doctorat..........	5	5	"
Totaux......	25	20	5
Report des totaux ci-dessus.	179	157	22
Total général......	204	177	27

en moyenne depuis 1874. La cause de cette diminution doit être cherchée surtout dans le nombre relativement considérable des dispenses d'assiduité et des congés motivés par des devoirs professionnels, par d'impérieuses raisons de famille ou de santé, ou par le volontariat d'un an ; la plupart des étudiants qui ont bénéficié de ces mesures d'exception répareront dès la rentrée prochaine le retard subi par leurs examens. Mais, la proportion des admissions a augmenté, sans que nous ayons aucunement abaissé le niveau de nos légitimes exigences : elle a dépassé 86 pour cent (1) ; elle n'avait été en 1878-1879, que de 82 à 83 pour cent (2). Le nombre des boules distribuées aux divers examens (3) accuse aussi, du moins pour les examens de Capacité et de Licence, une proportion plus élevée de boules blanches ou blanches-rouges, une diminution dans le nombre des boules rouges ou rouges-noires. Tandis qu'il n'y a pas de différence notable à signaler pour les épreuves jugées

(1) Exactement 86,764 0/0 d'admissions contre 13,235 0/0 d'ajournements.

(2) Exactement 82,730 0/0 d'admissions, et 17,269 0/0 d'ajournements.

(3) *Capacité et Licence.*

Nature des examens.	Nombre de boules Blanches.	Blanches-rouges.	Rouges.	Rouges-noires.	Noires.	Total.
Capacité	3	3	5	6	3	20
1er examen de Baccalauréat	42	32	52	26	12	164
2e examen de Baccalauréat	26	32	54	8	9	129
1er examen de Licence	8	28	55	35	18	144
2e examen de Licence	25	20	43	8	8	104
Thèse de Licence	28	22	45	13	14	112
	132	137	254	96	54	673

	Proportion pour cent boules en 1879-1880			en 1878-1879		
Boules blanches	132	sur 673	= 19,613 0/0	132	sur 839	= 15,733 0/0
» blanches-rouges	137	673	20,356	144	839	17,044
» rouges	254	673	37,741	341	839	40,643
» rouges-noires	96	673	14,264	152	839	18,116
» noires	54	673	8,023	71	839	8,462
	673		99,997	839		99,998

dignes de la note *très-bien*, les examens *excellents* ou *bons* ont été plus nombreux que l'année précédente, les notes *assez bien* ou *passable* l'ont été moins (1). Nous regrettons toutefois d'avoir eu à prononcer jusqu'à 49 admissions sur 157, soit avec une boule rouge-noire, soit avec deux rouges-noires ou une noire, soit même avec une noire et une rouge-noire, ou trois rouges-noires (2) : le règlement nous en faisait un devoir impérieux. Nous ne cesserons de demander l'abrogation d'une disposition qui nous oblige à recevoir des candidats dont les réponses ont été absolument médiocres dans deux ou trois parties de l'examen, ou même nulles dans une partie et très-médiocres dans une autre. Nous savons que notre sentiment est partagé par la généralité des Facultés de Droit, et peut-être le moment n'est-il pas éloigné où il sera donné satisfaction à notre vœu.

Treize élèves de Licence sur 174 ont obtenu l'unanimité de boules blanches, qui entraîne la mention *éloge*. Ce sont :

Pour le premier examen de Baccalauréat : MM. *Berthold, Fietta, Fourcade, Moty;*

Pour le second examen de Baccalauréat : MM. *Claude, Gauckler, Gény ;*

Pour le second examen de Licence, MM. *Baradez, Nachbaur ;*

Pour la thèse de Licence : MM. *Baradez, Chesney, Déglin, Tourdes;* la thèse de ce dernier a été jugée digne du dépôt à la Bibliothèque de la Faculté.

Trente-deux candidats ont été admis avec une majorité de

(1) Nous appelons *excellentes* les épreuves à la suite desquelles l'admission a été prononcée à l'unanimité de boules blanches ou avec *éloge ; très-bonnes*, celles pour lesquelles il y a eu majorité de boules blanches ; *bonnes*, celles qui ont eu égalité de blanches et de rouges ; *assez bonnes*, celles qui n'ont réuni qu'une minorité de boules blanches ; *passables*, les épreuves suivies d'admission à toutes boules rouges ; *médiocres* ou *très-médiocres*, celles où l'admission n'a été prononcée qu'avec une noire ou une ou plusieurs rouges-noires. Deux noires entraînent l'ajournement, une rouge-noire équivaut à 1/2 rouge et 1/2 noire, une blanche-rouge à 1/2 blanche et 1/2 rouge.

(2) En 1878-1879, le nombre en a été de 51 sur 180 admissions.

boules blanches (1); dix sept à égalité de blanches et de rouges; trente-deux avec une majorité de boules rouges ; treize à l'unanimité des boules rouges, quarante-sept, avec un nombre de noires variant de une demie à une et demi; vingt, ayant eu deux noires et plus, ont dû être ajournés.

Les examens de Capacité ont donné lieu à une admission avec majorité de boules blanches, deux avec une ou deux rouges-noires, et deux ajournements (2).

Aux diverses épreuves du Doctorat, nous comptons 20 candidats admis et 5 ajournés (3) ; la proportion des ajournements est restée à peu de chose près la même que l'année précédente; (25 0/0 au lieu de 23 1/2) ; mais nous avons eu jusqu'à 6 boules rouges-noires sur 127 (4), tandis que nous n'avions donné en 1878-1879 qu'une noire et une rouge-noire sur 177.

(1) Neuf aspirants à la Licence ont obtenu dans l'ensemble de leurs examens la majorité des boules blanches. Sur un total de 19 boules, M. *Déglin* a eu 18 boules blanches; — M. *Baradez*, 17; — M. *Maure*, 15; — M. *Chesney*, 14; — M. *Nachbaur*, 13 1/2; — M. *Maire*, 13; — M. *Tourdes*, 12 1/2; — M. *Noël*, 12; — M. *Thiébaut*, 10 1/2.

(2) En 1878-1879, sur un total de 215 examens, dont 11 de Capacité et 204 de Licence, on compte 10 admissions avec *éloge*, 39 avec majorité de boules blanches, 11 avec égalité de blanches et de rouges, 42 avec minorité de blanches, 27 à toutes boules rouges, 51 avec une minorité de noires, et 35 ajournements.

(3) Voir le détail à la note 3 de la page 11.

(4) *Examens de Doctorat.*

Nature des examens.	Nombre de boules Blanches.	Blanches-rouges.	Rouges.	Rouges-noires.	Noires.	Total.
1er examen de Doctorat........	35	11	17	2	"	65
2e examen de Doctorat........	22	6	3	4	"	35
Thèses de Doctorat...........	23	3	1	"	"	27
	80	20	21	6	"	127

Proportion pour cent boules

	en 1879-1880			en 1878-1879		
Boules blanches	80	sur 127	= 62,99 0/0	96	sur 177	= 54,23 0/0
" blanches-rouges.	20	127	15,74	41	177	23,16
" rouges.........	21	127	16,53	38	177	21,46
" rouges-noires...	6	127	4,71	1	177	0,56
" noires	"	"	"	1	177	0,56
	127		99,97	177		99,97

En revanche, nous avons eu la satisfaction de recevoir avec *éloge*, c'est-à-dire à l'unanimité de boules blanches, deux des cinq thèses de Doctorat qui nous ont été présentées, celles de M. *Favre* (Paul) et de M. *Guillemin* (Louis). Sans mériter la même distinction, les trois autres en ont approché à des degrés divers (1).

M. *Favre* nous a offert une étude comparative, fort bien faite, et puisée aux sources, des législations de la France, de l'Angleterre et des Etats-Unis touchant les attributions respectives des deux Chambres en matière de lois de finances ; en ce qui concerne spécialement la France, il a traité une intéressante question soulevée à ce propos dans l'application de nos lois constitutionnelles. Le contrat *litteris* a fait le sujet de sa thèse de Droit romain ; il y a analysé et discuté les divers systèmes proposés, dans les derniers temps surtout, par les jurisconsultes français et étrangers (2).

M. *Guillemin* a étudié en Droit romain la *Querela inofficiosi testamenti*, en Droit français, *les Actions destinées à rétablir l'égalité dans les partages d'ascendants* (art. 1078 et 1079 du Code civil). Dans ses deux dissertations et dans sa soutenance, il a montré des connaissances étendues et solides, un esprit indépendant et bien pondéré, une aptitude marquée pour la discussion des questions juridiques.

Du Nom de famille en Droit romain et en Droit français, tel était le sujet choisi par M. *Marx*. Il a fort bien utilisé les documents nombreux et variés que lui fournissait l'épigraphie romaine, sans négliger pour cela les textes qui ont un caractère plus spécialement juridique. Le Droit français n'offrait à son

(1) M. *Marx* (Armand) a été admis par 5 boules blanches et 1 blanche-rouge ; M. *Barrabino*, par 4 blanches et 2 blanches-rouges ; M. *Ancillon de Jouy*, par 4 blanches et 1 rouge. La thèse de M. de Jouy a été, comme celle de MM. Favre et Guillemin, soutenue sous l'empire du décret du 5 juin 1880, qui a réduit de six à cinq le nombre des examinateurs.

(2) Les sujets des deux thèses de M. *Favre* étaient les suivants : Droit romain *Du contrat litteris*. — Droit constitutionnel comparé : *Les droits respectifs des deux Chambres en matière de lois de finances, étudiés dans les constitutions de l'Angleterre, des Etats-Unis et de la France.*

examen qu'un petit nombre de textes législatifs ; sur les points où la loi est muette, il a dégagé des décisions de la jurisprudence, analysées et coordonnées avec soin, les règles essentielles de la matière.

M. *Barrabino* nous a présenté une bonne dissertation sur la *Restitution de la Dot* en Droit romain. Il a traité dans sa thèse de Droit français, *des Reprises, sous le régime de la communauté légale, en droit civil et en droit fiscal.* Aux connaissances acquises par des études consciencieuses et bien dirigées, il joint une expérience personnelle, dûe à plusieurs années de pratique notariale et dont il a su tirer le meilleur parti.

Enfin, M. *Ancillon de Jouy* a entrepris de nous parler *De la Propriété littéraire et artistique en Droit romain et de la Propriété artistique en Droit français.* La première partie de son travail ne comportait guère que l'analyse et la réfutation de conjectures plus ingénieuses que fondées. La seconde offrait un terrain plus vaste et peu exploré jusqu'à présent par nos futurs docteurs. M. de Jouy ne s'est pas borné à étudier notre législation et notre jurisprudence actuelles : il a voulu rechercher le fondement philosophique du droit des auteurs et connaître les règles posées à cet égard par les traités diplomatiques et par les législations étrangères : il s'est tenu aussi au courant des discussions dont le droit des auteurs a fourni le sujet, notamment dans le Congrès international de la propriété artistique, tenu à Paris en 1878, pendant la durée de l'Exposition universelle.

Je n'ai pas à rendre compte des concours ouverts entre nos élèves ; ils font l'objet d'un rapport spécial, confié à M. May, agrégé.

Je borne donc là l'exposé que j'avais à vous faire des travaux de la Faculté. Je ne le terminerai pas toutefois sans vous dire encore notre constant intérêt pour les études et les progrès de nos élèves, notre parfaite communauté de vues et de sentiments, notre entière fidélité aux traditions qui ont fait jusqu'ici notre force et notre honneur.

PUBLICATIONS

DES

MEMBRES DE LA FACULTÉ DE DROIT

pendant l'année scolaire 1879-1880.

M. Lederlin. — (en collaboration avec M. Fernand Daguin, avocat à la Cour d'Appel de Paris) : *Analyse de la loi prussienne du 31 mars 1879, concernant les dispositions transitoires relatives au Code de procédure civile et au Code d'instruction criminelle pour l'Empire d'Allemagne.* (Annuaire de législation étrangère, publié par la Société de législation comparée, IXe année, 1880, pages 149 et suivantes.

— *Analyse de la loi prussienne du 10 mars 1879, relative à l'exécution de la loi allemande sur les frais de justice, et des tarifs allemands des huissiers, des témoins et des experts.* (Annuaire de législation étrangère, publié par la Société de législation comparée, IXe année, 1880, pages 110 et suiv.)

M. Liégeois : *Répétitions écrites sur le Droit administratif*, contenant l'exposé des principes généraux, leurs motifs, et la solution des questions théoriques, par MM. L. Cabantous, professeur de Droit administratif à la Faculté d'Aix, Doyen de la même Faculté, et J. Liégeois, professeur de Droit administratif à la Faculté de Nancy, vice-Président de l'Académie de Stanislas. — 6e édition, revue, augmentée et mise au courant de la législation. — Fascicu e I. Principes de 1789. — Lois constitutionnelles de 1875. — Agents administratifs. — Conseils généraux. — Conseils municipaux. — Paris, A. Marescq aîné, 1881, in-8°.

M. Dubois : *Les Institutes de Gaïus*, 6e édition, (1re française, d'après l'apographum de *Studemund*, contenant 1° au texte, la reproduction du manuscrit de Vérone, sans changement ni addition ; dans les notes, les restitutions ou corrections proposées en Allemagne, en France ou ailleurs, suivie d'une *Table des Leçons nouvelles*. Paris, Marescq, 1881, 1 vol. in-18°.

— *La saisine héréditaire en Droit romain. I. La saisine et l'usucapion pro herede* (Nouvelle revue historique de Droit français et étranger, IVe année, 1880, pages 101-142, 427-445.)

— *Le Remploi, dans ses rapports avec la transcription et la purge, et avec les droits d'enregistrement et de transcription, sous le régime de la communauté légale pure. Etude de Droit civil et de Droit fiscal.* (Répertoire de l'Enregistrement, de Garnier, nos 5441, 5451 et 5463, tome XXVII, 1880, pages 132-148, 193-215, 257-286).

— *Statistique du Droit international* (Mémoires de l'Académie de Stanislas, 1879, CXXXe année, 4e série, t. XII, pages 332-357). La première partie de ce travail a été publiée aussi dans l'Annuaire de l'Institut de Droit international, années 1879-1880, tome Ier, pages 396 à 405, et dans la Revue de Droit international et de Législation comparée, XIIe année, 1880, pages 111-118, sous ce titre : *Propositions relatives à l'établissement de statistiques du Droit international :* la publication dans les Mémoires de l'Académie de Stanislas comprend en plus une seconde partie intitulée : *Commencement de statistique judiciaire et administrative pour Nancy et le ressort.*

— *Du droit de transcription sur l'acceptation de remploi.* (Contrôleur de l'Enregistrement, tome LXI, n° de janvier 1880.)

— *Le Droit civil international, par Laurent, professeur à l'Université de Gand. Compte-rendu des tomes I et II.* (La France judiciaire 1880, tome IV, pages 185-187.)

— *Bulletin de la jurisprudence italienne.—Filiation.—Mariage.* (Journal du Droit international privé et de la jurisprudence comparée, tome VII, année 1880, pages 108-125).

— *Bibliographie juridique italienne.* Nouvelle série, n°s 1-463 (Nouvelle Revue historique de Droit français et étranger, IVe année, 1880, pages 67-105 du Bulletin bibliographique).

M. Paul Lombard : *Traduction avec notes de la loi allemande du 23 juillet 1879, modifiant la loi sur l'organisation de l'industrie* (Gewerbe-Ordnung) *pour l'Empire d'Allemagne.* (Annuaire de Législation étrangères publié par la Société de Législation comparée, IXe année, 1880, pages 97 et suiv.).

— *Bulletin de la jurisprudence allemande.* (Journal du droit international privé et de jurisprudence comparée, t. VII, année 1880, pages 197-215).

RAPPORT

SUR LES CONCOURS ENTRE LES ÉTUDIANTS

DE LA

FACULTÉ DE DROIT DE NANCY

PENDANT L'ANNÉE SCOLAIRE 1879-1880

Par M. MAY

Agrégé de la Faculté

Messieurs,

Les concours de fin d'année sont pour nos étudiants le complément et comme la sanction d'études consciencieusement poursuivies. Ces travaux leur fournissent l'occasion d'essayer leurs forces et de prouver qu'ils ont appris à juger et à penser par eux-mêmes. Mais, ces luttes pacifiques n'ont pas moins d'avantages pour les maîtres. Elles nous font connaître plus complètement nos élèves, nous initient plus intimement à leurs efforts, et nous permettent de donner à leurs succès un témoignage que votre présence, Messieurs, rend d'autant plus précieux. C'est dans ce but que nous venons aujourd'hui proclamer en public les noms des vainqueurs, et faire connaître les raisons qui les ont désignés à nos choix. Ces raisons, je vais vous les exposer rapidement, certain que le plaisir d'être loué saura faire oublier à nos lauréats la brièveté des éloges.

PREMIÈRE ANNÉE.

Le sujet du concours de Droit romain était : *De l'acquisition de la possession et de ses conséquences, relativement à l'acquisition des droits* (1).

Quatre concurrents sur huit sont récompensés. M. Fietta (2), à qui revient le premier prix, nous a soumis un travail complet, œuvre d'un esprit mûr et vigoureux, concevant le sujet avec force, et poursuivant son développement dans les moindres détails avec une science toujours égale, toujours sûre d'elle-même.

Le second prix est décerné à M. Berthold (3), dont la composition moins savante, se distingue cependant par l'exactitude dans l'exposé et la facilité agréable du style.

Une première mention honorable revient à M. Stainville (4), qui, malgré des défauts de méthode, a fait preuve d'une sérieuse connaissance de la matière.

L'étude présentée par M. Fourcade (5) contient de bonnes parties qui nous ont décidé à le récompenser par une seconde mention honorable.

En Droit civil français, les concurrents avaient à traiter : *De l'acquisition des fruits par le possesseur de bonne foi* (6).

Sur huit compositions qui lui ont été soumises la Faculté en a conservé cinq.

Les deux lauréats du premier concours sortent de nouveau

(1) Commission : MM. Dubois, *président ;* Garnier ; May, *rapporteur.*

(2) *Devises :* Amphora cœpit
Institui; currente rota, cur urceus exit ?
La dernière chose que l'on trouve en faisant un ouvrage est de savoir celle qu'il faut mettre la première.

(3) *Devises :* Utinam.
Il n'y a qu'une puissance, la conscience au service de la justice, et il n'y a qu'une gloire, le génie au service de la vérité.

(4) *Devises :* Audaces fortuna juvat.
L'union fait la force.

(5) *Devises :* Ama nesciri.
Nous n'acquérons par nos travaux que le droit de travailler davantage.

(6) Commission : MM. Binet *président ;* P. Lombard ; Chavegrin, *rapp.*

vainqueurs de la lutte, et conquièrent dans le même ordre les premières places. M. Fietta (1), grâce à des qualités de forme qui font valoir une étude approfondie et intelligente du sujet, l'emporte sur M. Berthold (2), moins brillant que son rival, mais tout aussi exact et non moins judicieux.

A leur suite nous retrouvons encore deux noms déjà proclamés : MM. Fourcade (3) et Stainville (4) qui obtiennent une première mention honorable *ex æquo*, pour des travaux que des mérites différents recommandaient à notre attention.

Enfin, une seconde mention honorable est décernée à M. Pellier (5), qui n'a pas su donner assez d'ampleur à l'exposé de principes généralement exact qu'il a soumis à notre appréciation.

SECONDE ANNÉE.

Les étudiants avaient à traiter en Droit civil français, la question de l'*effet déclaratif du partage* (6).

Sept dissertations ont été remises, dont quatre méritent des récompenses.

Celle qui remporte le premier prix est l'œuvre de M. Georgel (7). L'auteur n'y a rien négligé d'essentiel, et son style toujours sobre est néanmoins d'une allure vive et élégante.

(1) *Devises* : Facilius intelligi quam explanari potest.
A chaque jour suffit sa peine.

(2) *Devises* : Pater est quisque suæ fortunæ.
A chacun selon ses œuvres.

(3) *Devises* : O navis, referent in mare te novi
Fluctus.
Ajoutez quelquefois et souvent effacez.

(4) *Devises* : Potius mori quam fœdari.
Travaillez, prenez de la peine,
C'est le fonds qui manque le moins.

(5) *Devises* : Minimas rerum discordia turbat.
Pacem summa tenent.
La vérité est le soleil des intelligences.

(6) Commission : MM. Blondel, *président;* P. Lombard ; Gardeil, *rapp.*

(7) *Devises* : Vitam impendere vero.
Heureux le toit caché dans l'ombre et vert de mousse.

M. Claude (1) a présenté un travail qui, s'il n'était déparé par une omission capitale, aurait disputé au précédent la première place. Des vues personnelles exprimées en un langage ferme et net, ont assuré à sa composition le second prix.

Non loin de lui, plus complet même, M. Gény (2) n'a pas su communiquer à son style le mouvement et donner à sa pensée le relief qui trahissent la personnalité de l'écrivain. Ces défauts sont fort heureusement rachetés par une connaissance tellement complète du sujet que la Faculté décerne à M. Gény une première mention très honorable.

Au dernier rang se place M. Baur (3), dont les efforts ont paru dignes d'être encouragés par une deuxième mention honorable.

En procédure civile, quatre compositions ont été conservées sur sept remises à la Faculté. Le sujet du concours était : la *Théorie des dépens et notions sur l'assistance judiciaire* (4).

Le travail présenté par M. Gauckler (5) mérite la première place. Il dénote chez son auteur une intelligence du droit et un talent d'exposition remarquable. Quelques légères erreurs y sont rachetées par la forte conception de l'ensemble, l'ampleur et la clarté des développements.

M. Gény (6) qui cette fois remporte le second prix n'a négligé aucun détail ni reculé devant aucune difficulté. Mais le raison-

(1) *Devises :* Plus cogitare quam dicere.
Quand on n'a pas ce que l'on aime,
Il faut aimer ce que l'on a.

(2) *Devises :* Amittit merito proprium qui alienum appetit.
L'union fait la force.

(3) *Devises :* Audaces fortuna juvat.
Qui s'y frotte s'y pique.

(4) Commission : MM. A. Lombard, *président* ; Chavegrin ; Gardeil, *rapporteur*.

(5) *Devises :* Desinit in piscem.
Ce que veux, Dieu ne veut.

(6) *Devises :* Donec eris felix, multos numerabis amicos.
Avant donc que d'écrire apprenez à penser.

nement ne se présente pas toujours avec une netteté suffisamment scientifique, et l'expression manque de fermeté.

Malgré des lacunes considérables, la composition de M. Claude (1) n'en a pas moins été jugée digne d'une première mention *très-honorable*. C'est une œuvre sérieuse où se rencontrent des parties excellentes.

Un essai original et assez heureux de synthèse, que M. Georgel (2) n'a pas su cependant poursuivre dans ses développements, lui vaut une seconde mention.

TROISIÈME ANNÉE.

Le concours de Droit romain portait, en troisième année, sur la *théorie des contrats inommés* (3).

Les trois compositions remises à la Faculté méritent à des degrés inégaux d'être récompensées.

En première ligne vient M. Chesney (4) qui seul a épuisé le sujet dans ses détails juridiques, son développement historique et ses applications diverses.

M. Nachbaur (5), qui se place au second rang, a laissé dans l'ombre la partie historique, mais l'exposé théorique a été jugé excellent et digne du second prix.

Bien qu'ayant une connaissance assez précise de la matière, M. Baradez (6) n'est pas entré dans les développements nécessaires et n'a pu obtenir que la première mention honorable.

(1) *Devises :* Memento et spera.
Aide-toi, le Ciel t'aidera.

(2) *Devises :* Summum jus summa injuria.
Travailler et encore travailler.

(3) Commission : MM. LEDERLIN, *président* ; DUBOIS ; MAY, *rapporteur*.

(4) *Devises :* Arma virumque cano, Trojae qui primus ab oris.
Viens d'un regard heureux animer mon projet,
Et garde-toi de rire en ce grave sujet.

(5) *Devises :* Jus omnium scientia rerum.
Qui ne sut se borner ne sut jamais écrire.

(6) *Devises :* Felix qui potuit rerum cognocere causas.
Heureux l'homme des champs, s'il connaît son bonheur.

En Droit civil français, les concurrents avaient à traiter la question suivante : *Jusqu'à quelle époque les inscriptions de priviléges et hypothèques peuvent-elles être utilement prises* (1) ?

Nous espérions que ce sujet serait, à raison de sa généralité et de son caractère pratique, de nature à inspirer les concurrents.

Notre attente a été déçue. Sur trois dissertations, une seule a été conservée et encore ne peut-elle pas prétendre au premier prix.

M. Nachbaur (2), qui en est l'auteur, a seul compris le sujet. Le second prix qui lui est décerné est la récompense d'un travail où de légères erreurs et plusieurs omissions viennent malheureusement déparer un exposé lumineux et méthodique.

CONCOURS DE DOCTORAT.

Pas plus que mes prédécesseurs, je n'aurai l'heureuse fortune de pouvoir proclamer les résultats du Concours pour la Médaille d'or. La question était : De la simulation et de l'interposition de personnes dans les obligations civiles et commerciales et dans les actes de disposition à titre gratuit. Aucun de nos docteurs ou de nos aspirants au doctorat ne s'est laissé séduire par la richesse et l'actualité du sujet. Malgré cette abstention, nous osons encore espérer qu'il se trouvera quelque jour un travailleur de bonne volonté pour aspirer à une récompense dont la rareté doublerait le prix.

MESSIEURS LES ÉTUDIANTS,

Les appréciations que nous ont suggérées les travaux de plu-

(1) Commission : MM. LIÉGEOIS, *président*; BINET ; GARNIER, *rapporteur*.

(2) *Devises :* Scire leges non est verba earum tenere, sed vim ac potestatem.
France, ô belle contrée, ô terre généreuse,
Que les Dieux complaisants formaient pour être heureuse.

sieurs de vos condisciples témoignent par leur franchise de l'intérêt que vous savez nous inspirer, et du soin avec lequel nous continuons à suivre la direction de vos études juridiques.

Vous allez les reprendre avec une ardeur et une persévérance qui ne se démentiront pas. Les succès de vos devanciers vous commandent de continuer la voie qu'il vous ont tracée et de ne point dégénérer de leur mérite.

L'Université d'ailleurs vous dispense aujourd'hui les moyens de conquérir la science avec une générosité qui vous impose de nouveaux devoirs et de plus grands efforts.

Ses méthodes devenues plus scientifiques, ses vieilles traditions libérales, rajeunies au souffle des idées modernes, sauront vous inspirer, et faisant de vous des esprits mûrs, indépendants et fermes, vous permettront de rendre à la France nouvelle tout ce qu'elle vous aura donné.

DISTRIBUTION DES PRIX

DÉCERNÉS PAR

LA FACULTÉ DE DROIT

à la suite des Concours ouverts en 1879-1880.

M. MAY, Agrégé, chargé de cours à la Faculté de Droit, a donné lecture de la liste des concurrents qui ont obtenu des prix et des mentions honorables, conformément au procès-verbal ci-après :

Extrait du procès-verbal de la séance du 7 août 1880.

« Il a été procédé à l'ouverture des enveloppes cachetées « dans lesquelles étaient renfermés les bulletins indiquant les « noms des concurrents. »

« D'après le rapprochement fait entre les devises portées « sur les dissertations jugées dignes de récompenses et les « mêmes devises portées sur les enveloppes, les prix et les « mentions honorables ont été décernés dans l'ordre suivant : »

PRIX DONNÉS PAR L'ÉTAT.

CONCOURS DE TROISIÈME ANNÉE.

DROIT ROMAIN.

1er Prix (Médaille d'argent)... M. CHESNEY (Ferdinand), né à Nancy (Meurthe), le 7 avril 1858.

2e Prix (Médaille de bronze).. M. NACHBAUR (Paul-Alphonse-Eugène), né à Colmar (Haut-Rhin), le 14 avril 1860.

Mention honorable .... M. BARADEZ (Ferdinand-Marie-Louis), né à Nancy (Meurthe), le 24 janvier 1858.

DROIT FRANÇAIS.

2e Prix (Médaille de bronze) .. M. NACHBAUR (Paul-Alphonse-Eugène), né à Colmar (Haut-Rhin), le 14 avril 1860.

PRIX DONNÉS PAR LES CONSEILS GÉNÉRAUX

de Meurthe-et-Moselle, de la Meuse et des Vosges.

CONCOURS DE SECONDE ANNÉE.

CODE CIVIL.

1er Prix (Médaille d'argent)... M. GEORGEL (Paul-Louis-Marie-Stanislas), né à Nancy (Meurthe), le 16 mai 1859.

2e Prix (Médaille de bronze)... M. CLAUDE (Charles-Marie-Jules), né à Charmes-sur-Moselle (Vosges), le 9 juillet 1861.

Mention très-honorable ..... M. GÉNY (François), né à Baccarat (Meurthe), le 17 décembre 1861.

Mention honorable .... M. BAUR (Marie-Louis), né à Marmoutier (Bas-Rhin), le 25 septembre 1860.

PROCÉDURE CIVILE.

1er Prix (Médaille d'argent) ... M. GAUCKLER (Philippe-Edouard), né à Wissembourg (Bas-Rhin), le 26 juin 1858.

2e Prix (Médaille de bronze)... M. GÉNY (François), né à Baccarat (Meurthe), le 17 décembre 1861.

Mention très-honorable...... M. CLAUDE (Charles-Marie-Jules), né à Charmes-sur-Moselle (Vosges), le 9 juillet 1861.

Mention honorable.......... M. GEORGEL (Paul-Louis-Marie-Stanislas), né à Nancy (Meurthe), le 16 mai 1859.

CONCOURS DE PREMIÈRE ANNÉE.

DROIT ROMAIN.

1er Prix (Médaille d'argent)... M. FIETTA (Marie-Dieudonné-Pierre-Paul), né à Strasbourg (Bas-Rhin), le 19 octobre 1859.

2e Prix (Médaille de bronze)... M. BERTHOLD (Jules-Henri-Xavier), né à Dambelin (Doubs), le 6 mai 1861.

1re Mention honorable....... M. STAINVILLE (Henri-Louis-Dieudonné), né à Saint-Nicolas-du-Port (Meurthe), le 25 Août 1860.

2e Mention honorable........ M. FOURCADE (Jacques-Manuel), né à Prades (Pyrénées-Orientales), le 5 août 1862.

CODE CIVIL.

1er Prix (Médaille d'argent)... M. FIETTA (Marie-Dieudonné-Pierre-Paul), né à Strasbourg (Bas-Rhin), le 19 octobre 1859.

2e Prix (Médaille de bronze).. M. BERTHOLD (Jules-Henri-Xavier), né à Dambelin (Doubs), le 6 mai 1861.

1re Mention honorable *ex æquo*. M. FOURCADE (Jacques-Manuel), né à Prades (Pyrénées-Orientales), le 5 août 1862.
M. STAINVILLE (Henri-Louis-Dieudonné), né à Saint-Nicolas-du-Port (Meurthe), le 25 août 1860.

2e Mention honorable........ M. PELLIER (Henri-Alexandre-Emile), né à Paris (Seine), le 31 janvier 1859.

CONCOURS LITTÉRAIRE

OUVERT DEVANT LA

FACULTÉ DES LETTRES DE NANCY

Pendant l'année scolaire 1879-1880.

Extrait du Rapport de M. BENOIT, Doyen

de la Faculté des Lettres.

Cette année, la Faculté des Lettres, pouvant disposer de deux annuités pour son Concours littéraire, a proposé deux questions distinctes. L'une, ayant pour objet *la Querelle des Anciens et des Modernes au siècle d'Auguste*, s'adressait spécialement aux jeunes gens qui s'exercent à la critique et à l'art d'écrire dans nos conférences de Licence ; l'autre faisait directement appel aux élèves de la Faculté de Droit, qui sont tenus par les réglements de s'inscrire à nos cours ; nous leur demandions une étude du Traité *de Legibus* de Cicéron.

Ici, nous ne nous occuperons que de la seconde question, pour laquelle quatre mémoires nous ont été présentés.

Pour traiter cette question, ce n'était pas trop de la science et de la maturité de nos Docteurs en Droit, ou tout au moins des aspirants au Doctorat. Mais nous n'avons eu ici pour concurrents (ceux du moins que nous connaissons) que des élèves de première année, qui s'y sont portés avec une louable émulation sans doute, mais sans préparation suffisante.

Le Ier Livre seul de ce Traité, où Cicéron, pour retrouver au fond de l'âme humaine les principes éternels de la Morale et des Lois, s'inspire du Traité même des Lois de Platon, mais surtout prend pour guides les maîtres de l'Ecole stoïcienne, ce Ier Livre seul, dis-je, a été l'objet d'une étude plus ou moins complète et de développements philosophiques, qui témoignent de l'esprit élevé qui règne dans nos cours de Droit romain. Mais, quand Cicéron, dans les Livres suivants, descend de ces hautes généralités, pour en chercher l'application et l'exemple dans les lois mêmes de son pays, on sent trop combien l'histoire et la science de Rome font défaut aux concurrents. Ils n'ont pas même consulté Montesquieu.

Combien dans l'étude du IIe Livre, par exemple, où Cicéron traite du Droit religieux, il eût été curieux de voir la vieille Rome encore tout enveloppée des langes de cette antique civilisation de l'Etrurie, dont elle ne s'est jamais entièrement dépouillée ! Sa législation, en effet, en gardera toujours un caractère religieux. Ses magistrats seront des prêtres. Les Augures domineront la politique. On sent bien que Rome, soumise par Porsenna, restera toujours en partie une ville étrusque. Aussi l'étude de l'ouvrage d'Alfred Müller sur les Etrusques et de l'Histoire romaine de Niebuhr était-elle ici indispensable.

Quand ensuite, au IIIe Livre, Cicéron reprend une à une les institutions politiques et les magistratures de la République Romaine, et en admire la sagesse et l'équilibre, on est touché de l'enthousiasme mélancolique, avec lequel le grand citoyen contemple ces institutions aujourd'hui en ruine, qui ont fait jadis la grandeur de sa patrie. A l'exemple de Platon, il avait voulu d'abord nous proposer l'exemple d'une République idéale. Mais, moins chimérique que Platon, et dominé d'ailleurs par son patriotisme, il ne sait encore rien rêver de mieux que cette constitution de la République Romaine, si longtemps florissante dans la paix et dans la guerre. Il en voudrait réveiller la religion dans les âmes. Regrets superflus ! Cette constitution, usée par une longue anarchie, ne saurait plus d'ailleurs s'accommoder aujourd'hui au gouvernement de l'univers. Aussi peut-on dire que le *De Legibus* est comme le testament suprême et l'éloge funèbre de la République.

L'auteur du Mémoire n° 3 avait pris pour devise une sentence de Leibniz : *Dans la science du Droit, si l'on veut donner une idée pleine de la justice humaine, il faut la tirer de la justice divine comme de sa source.* C'est un esprit jeune encore, mais plein d'espérances. Sans doute il ne connaît pas assez les sources où Cicéron a puisé. Mais il a entrevu du moins le contraste que nous offre l'esprit pratique du Romain avec le génie spéculatif de la Grèce, et le caractère positif de la constitution romaine, qui est née et s'est développée avec le temps, sous l'empire des circonstances, chez le peuple le moins chimérique qui fût jamais. Toutefois c'était là une étude trop forte pour un si jeune esprit. Du moins son Mémoire est composé avec méthode, développé avec intérêt, et écrit dans un style à demi oratoire, où l'on est heureux du moins de rencontrer des promesses de talent. L'auteur, M. *Manuel* FOURCADE, élève en Droit de première année, obtient le *premier prix* décerné pour cette question du Traité *De Legibus*.

Pour la même question, la Faculté des Lettres décerne une *mention honorable* à M. *Martin* DUGARD, élève aussi de première année dans notre Faculté de Droit. Sans doute son Mémoire est une œuvre assez inégale. La discussion du Ier Livre a seule quelque valeur. Encore y retrancherait-on volontiers les développements superflus d'un esprit prodigue, qui n'a rien voulu sacrifier des matériaux qu'il avait amassés. La seconde partie du Mémoire n'est qu'une analyse sans caractère du IIe et du IIIe Livres de Cicéron : Ici surtout le commentateur a été écrasé par son sujet. Mais la première partie était écrite avec simplicité, netteté, et même avec quelque agrément. Aussi avons-nous voulu tenir compte à l'auteur de son effort. Mais nous rappelons à nos concurrents d'aujourd'hui et de l'avenir, que, dans ces Mémoires, nous voulons tout ensemble, avec des études solides pour le fonds, une œuvre de style.

Nancy. — Imp. et Lith. Em. NICOLAS.

www.ingramcontent.com/pod-product-compliance
Ingram Content Group UK Ltd.
Pitfield, Milton Keynes, MK11 3LW, UK
UKHW012126240726
13965UKWH00005B/1997

9 782013 038935